8,-

5/93

WILHELM WAIBLINGER

FRIEDRICH HÖLDERLINS
LEBEN,
DICHTUNG UND WAHNSINN

Friedrich Wilhelm Waiblinger

Friedrich Hölderlins
Leben,
Dichtung und Wahnsinn

Mit einem Nachwort
von
Pierre Bertaux

und Radierungen
von
CHC Geiselhart

Schwäbische Verlagsgesellschaft
Wurmlingen

ISBN 3-88466-018-7

Es ist schon lange Zeit her, daß ich mir vorgenommen, der Welt etwas von Hölderlins Vergangenheit, seinem jetzigen Leben, oder vielmehr Halb- und Schattenleben, und besonders von dem furchtbaren Zusammenhange mit jener mitzutheilen, und ich wurde von mehr als Einer Seite durch Freunde seiner Muse dazu aufgefordert. Denn ein langer fünfjähriger Umgang mit dem Unglücklichen hat mich mehr als jeden andern in Stand gesetzt, ihn zu beobachten, ihn kennen zu lernen, seinem so wunderlichen Ideengange, und selbst den ersten Ursprüngen und Ursachen seines Wahnsinns nachzuspüren. Ich gab mir mehr als andere Mühe, seine Launen zu ertragen, und während die wenigen seiner vormaligen Freunde, die ihn in seiner nun mehr als zwanzigjährigen Einsamkeit besuchten, nur ein paar Augenblicke verweilen mochten, sey es, daß ihr

Mitleid zu rege wurde, daß sie von der Erscheinung eines so beklagenswerthen geistigen Zerfalls sich zu tief erschüttert fühlten, oder daß sie schnell damit fertig waren, indem sie vermeinten, man könne nun eben einmal kein vernünftiges Wort mehr mit ihm reden, und so verlohne sich der Mühe nicht, dem psychischen Zustand des Verwirrten einige Aufmerksamkeit zu schenken, so hielt ich keine Stunde für verloren, die ich ihm widmete, besuchte ihn ununterbrochen viele Jahre lang, sah ihn oft bey mir, nahm ihn auf einsame Spaziergänge, in Gärten und Weinberge mit mir, gab ihm zuweilen Papier zum Schreiben, durchsuchte seine noch übrigen Schriften, brachte ihm Bücher, ließ mir vorlesen, und bewegte ihn unzähligemal, Klavier zu spielen und zu singen. So wurde ich nach und nach an ihn gewöhnt und legte das Grauen ab, das wir in der Nähe solcher unseligen Geister fühlen, so wie er seinerseits sich an mich gewöhnte, und die Scheu ablegte, die ihn von jedem, ihm nicht ganz bekannten Menschen trennt. Ich hatte nun wohl im Sinne zu versuchen, ob es mir nicht gelänge, seinen jetzigen Geisteszustand zu zergliedern, und die Entstehung dieser bedauernswürdigen Verwirrung seines Innern in einer strengern wissenschaftlichen Form von den ersten Anlässen und Motiven herzuleiten und bis auf den Punkt hin zu verfolgen, wo das Gleichgewicht entschieden verloren gieng, allein es wurde mit hundert andern flüchtigen Entwürfen im Drängen und Treiben eines allzu unruhigen Lebens vergessen. Nun, da mir der wunderbare schwermüthige Freund so ferne gerückt ist, und das traurige Bild des Einsamen mir eben unter süßem südlichen Lichthimmel untergegangen war, ist es eine seltsame Anregung, die ich vom Vaterlande aus erfahre, wie ich aufgemuntert werde, meinen alten Vorsatz doch endlich einmal auszuführen. Ich widerstehe denn nicht länger, wiewohl ich mir nicht vornehme, eine philosophische Zergliederung von Hölderlins Innerm zu wagen, sondern mich blos anheischig mache, die Beobachtungen und Bemerkungen schlechtweg mitzutheilen, welche sich mir im Umgang mit ihm aufdrängten; freylich werden uns diese zuweilen nöthigen, ein wenig zu spekuliren, allein wir werden uns immer innerhalb der Gränzen einfacher Beobachtung halten, keine psychologische Untersuchung, sondern

eine schlichte Charakterschilderung entwerfen, und somit hoffen wir, den Vielen, die
für Hölderlin interessirt sind, die seine Muse
schätzen und gerne Genaueres über ihn selbst
hörten, einen nicht unangenehmen Dienst
zu thun, wenn wir etwas von ihm erzählen,
und zeigen, wie sich dieser Geist verirrte,
und wie er sich nun in und zu sich selbst, so
wie zu seiner Vergangenheit und zur Außenwelt verhält. Dabey müssen wir natürlich
auch einige Worte über seine Poesie sagen,
deren schönste und reifste Blüthen und
Früchte endlich die so ehrenwerthen Dich-
terfreunde, Ludwig Uhland und Gustav
Schwab, gesammelt, gereinigt und ans Licht
der Welt gestellt haben. Da wir in der That
nicht wissen, ob er nur noch bey Leben ist,
indem wir schon seit Jahresfrist durch weite
Strecken von ihm getrennt sind, und da er
bey einer nun wenigstens vier und zwanzigjährigen Abgeschlossenheit von aller und jeder Berührung mit Welt und Menschen fast
nicht mehr wie ein Lebendiger zu betrach-
ten ist, so wird es kein Verstoß gegen Gefühl
und Schicklichkeit seyn, wenn wir seinen
Zustand öffentlich schildern. Denn wie seine
Dichtung, gehört auch sein Leben unserer

Zeit, unserm Vaterland, unserer Kenntniß an, genug, daß wir uns hüten, dem Unglücklichen zu nahe zu treten, und daß uns die scheue düstere Ehrfurcht vor der unbekannten Macht, mit der er sein Lebenlang gerungen, deren despotische grauenweckende Kraft uns in seinen hinterlassenen Werken so oft als Gegenstand seiner Klagen und seines Kampfes entgegentritt, daß sie uns abhalte, mit ungebührlicher, ja frevelhafter Übereilung ein allgemeines Urteil über eine geistige Erscheinung zu wagen, die für uns am Ende doch ein Räthsel ist, wir mögen uns mit unserer Weisheit gebärden, wie wir wollen, um sie in ihrem Wesen, in ihren Ursachen und Folgen zu zergliedern und zu beschreiben.

Wir theilen zuerst einiges über sein früheres äußeres Leben mit, und hängen dann sogleich unsere Bemerkungen an, sobald wir etwas finden, was auf sein späteres Schicksal bezogen werden muß. Denn die Keime, die ersten Gründe und Ursachen desselben sind in den frühesten Entwicklungsjahren seines Lebens, ja gewissermaßen einzig und allein in der unselig feinen geistigen Organi-

sazion zu suchen, die bey allzuvielen Täu-
schungen, harten Ereignissen und traurigen
Combinazionen äußerer Umstände sich endlich in sich selbst zerstörte.

Fridrich Hölderlin ist im Jahr 1770 zu Nürtingen in Schwaben geboren. Seine erste
Erziehung scheint äußerst gut, zart, liebe-
voll und fein gewesen zu seyn, Hölderlin
behielt immer eine große Liebe zu seinem
Geburtsort und zu seiner Mutter, welche
noch bey Leben war, als ich Deutschland
verließ. Die unendliche Zartheit, mit welcher
der junge Geist organisirt war, die edle, feine, tieffühlende, aber allzu empfindliche Natur, eine kecke verwegene Fantasie, die sich
von frühesten Knabenjahren schon in dich-
terischen Träumen wiegte, und nach und
nach eine Welt aufbaute, die der reifere Jüngling zu seinem bittersten Schmerze nur als
Geschöpf seines Innern, und als schweren
schroffen Gegensatz zur wirklichen erkannte, ein äußerst lebendiger Sinn für Musik
und Dichtkunst, das waren Dinge, welche
sich bald in dem Knaben zeigen mußten,
und welche, wie es scheint, durch eine zarte
Behandlung der Eltern geweckt, genährt und

erhalten wurden. Schon die äußere Bildung Fridrichs war liebenswürdig über dieMaaßen; ein tiefes glühendes schöne Auge, eine hohe Stirne, ein bescheidener, geistreicher, unwiderstehlich einnehmender Ausdruck gewann sich aller Herzen. Die Herzensgüte, der angeborene Adel, die warme lebhafte Denk- und Empfindungsweise und eine natürliche Grazie machten ihn so angenehm, als seine Fassungskraft und seine hervorleuchtenden Talente Lehrer und alle Umgebung mit den besten Hoffnungen erfüllten. Ein reiner Sinn und ein unbeflecktes durchaus jungfräuliches Gemüth erwarben ihm Achtung und Liebe, so wie er's denn auch noch in seinen spätern Jahren beybehielt, als er anfieng, aus dem lautern Quell seines Innern zu schöpfen, als er sich entschieden der Poesie widmete, ja noch da, als schon ein harter Schicksalsschlag um den andern an der Zerstörung seines Geistes arbeitete. Hölderlin mußte rein und ohne Flecken in seiner fast weiblich sanften Seele bleiben, wenn er nicht untergehen sollte: für ihn konnten die wilden Vergnügungen, der taumelnde Rausch der Sinne nur Verderben und Tod seyn. Der Erfolg lehrte es.

Talentvoll, von dem besten Herzen, von den einnehmendsten Manieren, von der ausdruckvollsten und gefälligsten Gesichtsbildung, konnte der junge Hölderlin nur gefallen und Alt und Jung an sich fesseln. Hätte man jetzt nach dieser glücklich gelebten Jugend den aufstrebenden Jüngling in eine Richtung gebracht, die seinen Neigungen und Wünschen, seinen Träumen und Talenten angemessener gewesen wäre, so wäre wohl sein Geist ewig klar geblieben. Allein es sollte anders werden. Hölderlins böses Geschick führte ihn in ein Seminarium, worin junge Leute für das Studium der Theologie vorbereitet und erzogen werden. Er wurde, wie er selbst in seinen spätern Jahren, ja noch zur Zeit seines Irrens sagte, von außen bestimmt, und gezwungen, sich der Theologie zu widmen. Diß widersprach gänzlich seiner Neigung. Er hätte sich gerne dem Studium der alten Litteratur, den schönen Künsten, vorzüglich der Poesie, und auch der Philosophie und Aesthetik ausschließlich überlassen mögen. Nun mag es wohl auch die Art, wie man Wissenschaft und Sprachen treibt und lehrt, gewesen seyn, was unserm ungeduldigern besserbegabten Jünglinge harte Fesseln anlegte. Man mag über dererley Erziehungsanstalten sagen, was man will, so bleibt immerhin wahr, daß dem einzelnen Lehrer zuviel Gewalt überlassen ist. Sieht man, wie oft ein solcher von äußerst beschränktem Geiste, wenn auch von vielem Wissen ist, wie unklar, zwecklos, mit welchen Umwegen zum Ziele gearbeitet wird, wie man alles erschwert, wie selten die Lehrer Männer von hellem Kopf und Urtheil sind, wie wenig sie die Mittel verstehen, um die Jugend zu leiten, wie wenig sie Talent und Kraft haben, um aufkeimende Fähigkeiten zu wecken, zu nähren, auf guten Weg zu bringen, wie gänzlich solche Stubenmenschen mit dem Leben unbekannt sind, wie wenig sie den Menschen kennen, so kann man begreifen, wie es möglich ist, daß oft Talente von Bedeutung gänzlich irre geleitet und in Gefahr gebracht werden, nie mehr durch eigene Selbsterziehung verbessern zu können, was in frühern Jahren durch die Engbrüstigkeit und Unfähigkeit der Lehrer an ihn(en) verdorben wurde. Statt daß dieser im Stande seyn sollte, jede Eigenthümlichkeit der Schüler herauszufinden, und je nach der Beschaffenheit des Individuums so oder anders auf seine Rezeptivität zu wirken, macht man keinen Unterschied, sondern treibt sie mechanisch auf Eine Art zu Einer Arbeit an, als wenn sie nichts als gleich gebaute Uhren wären, deren Stahlfeder der Lehrer nach Belieben aufzöge. Diese traurige Erfahrung mag auch auf das ohnediß so verletzbare und empfindliche Wesen unsers jungen Dichters gewirkt haben. Jedoch studirte er mit Eifer die alten Sprachen, gehörte zu den Besten, und war besonders für das Griechische eingenommen.

Der Zufall fügte es, daß ich von einem artigen Geschichtchen hörte, das Hölderlin in dieser Zeit vielfach bewegte. Die Mutter eines Freundes von mir erzählte diesem einmal eine Neigung, die der junge schöne liebenswürdige Hölderlin zu ihr gehabt, als sie noch halb Kind gewesen. Wiewohl im Kloster, nährte das reizbare Gemüth des sechzehnjährigen Jünglings eine zarte Flamme für das Mädchen: es war ihm wieder gut, und sie kamen oft in einem hübschen Garten zusammen. Dieses geheime Verhältniß beschäftigte seine Fantasie aufs lebendigste, und nährte und erfüllte ihn mit jenen süßen Empfindun-

gen, welche uns die Jugend so reitzend ver-
zaubern und verschönern. Hölderlins Empfindungsweise, seine Natur, sein ganzes Wesen wurde dadurch nur noch gefährlicher
verfeinert und verzärtelt. Seine Poesie aber
erhielt Nahrung und Leben.

Jedoch waren seine Gedichte nur Nachah-
mungen, und uneigenthümliche Hervorbrin-
gungen: es scheint daß er Schiller und Klop-
stock vor sich hatte.

Die Erzeugnisse während seiner Universitäts-
jahre haben schon einen eigenthümlichern
Charakter. Die Begeisterung für das griechische Alterthum, das Studium der alten hel-
lenischen Meisterwerke gaben ihnen einen
gewissen Ton, den selbst seine spätern und
vollkommnern (nicht immer) haben. Seine
ganze Seele hieng an Griechenland, er saugte
mit unbefriedigter Begier an jenen Quellen
reiner Schönheit, an jenen Producten der
gesundesten Natur, der einfachsten Denk-
weise, des großartigsten Ehrgeitzes. Hölderlin selbst war nicht wenig erfüllt von Ruhm-
begierde, und trug den Kopf voll Entwürfe,
seinen Namen bekannt und unsterblich zu

machen, und sich zunächst aus diesem beengenden Wirkungskreis, aus diesen für ihn so widrigen und spannenden Verhältnissen zu befreyen. Der Umgang mit talentvollen Männern, mit strebenden Jünglingen befeuerte seine Ungeduld. Er faßte den Gedanken zu seinem Hyperion, schrieb auch etwas daran, was jedoch später gänzlich verändert wurde. Das Stück, welches in Schillers Horen abgedruckt ist, hat auch nicht einige Zeilen von dem spätern Hyperion. Man sieht daraus, wie lang er dieses Gedicht in sich herumtrug, und es ist hier am Ort, zu bemerken, daß er nicht schnell arbeitete, daß er nicht ohne Noth sich von seiner Geburt losrang, daß er seinen Gedanken oft mehrmals, und immer in anderer Wendung und Form zu Papier brachte, bis er glaubte, daß er nun am reinsten und vollkommensten ausgedrückt sey. Diß erhellt aus seinen Papieren, wo man dasselbe Gedicht ein halb Dutzendmal und immer verbessert finden kann.

Seine Universitätsgenossen schätzten ihn sehr, wiewohl sie ihn wunderbar und zuweilen allzu zart und melancholisch fanden. Hölderlin war übrigens nicht ungesellig, wenn er auch sich wenig unter die wilde Schaar der Studenten einmischte. Manchmal, wurde mir erzählt, konnte er sich Wochenlange zurückziehen, und er unterhielt sich alsdann fast einzig mit seiner Mandoline, zu der er sang. Er klagte viel und schmerzlich, und Leiden einer allzu zärtlichen sentimentalen Liebe, Eifer und ungestümmer Drang nach Ruhm und Ehre, die Gehässigkeit seiner Lage, die Abneigung gegen sein Facultätsstudium, das konnte wohl das Einzige seyn, was ihn bis jetzt zu Klagen nöthigen konnte, wenn es nicht mehr als alles diß seine allzu kindliche, schwächliche, gereitzte, weichnervige Natur war, die ihn zu offen für jeden Eindruck, zu nachgiebig gegen rauhe und trübe Ereignisse machte. Er gewöhnte sich nach und nach an, mit dem gesammten Zustand aller menschlichen Dinge, wie sie heut zu Tage sind, unzufrieden zu werden, und schöpfte außer der Bildung, die er aus dem Studium der Alten gewann, auch eine für ihn nur zu gefährliche unnatürliche Verachtung der Mitwelt aus der Quelle, aus der so manchem Gesundheit und frischer ewig heller Sinn hervorgegangen. Diese ausschließliche Verehrung der Griechen hatte sofort auch Unzufriedenheit mit dem Lande zur Folge, wo er geboren ward, und brachte endlich jene Ausfälle gegen das Vaterland hervor, die wir im Hyperion finden, und die für mein Gefühl so empörend sind.

Wir sehen in diesem allmählich immer feindseligern Verhältniß, in das er sich zur Welt stellte, und das ihm gar nichts weniger als natürlich war, schon die ersten Anlässe zu dem traurigen Zustande, der sich auf diese Weise, schon in der Blüte seines Lebens, unter Verhältnissen, die allerdings für seine Fantasie, für seinen Stolz, seinen Ehrgeiz, seine Traumwelt nichts Reitzendes hatten, die aber keineswegs unglücklich und unerträglich waren, ehe nur etwas Erhebliches gethan und geleistet worden, trotz einer Zukunft voll weiter und schöner Hoffnungen allmählich vorbereitete. Hätte er einen Reichtum von Humor, hätte er Witz und jene glückliche Gabe gehabt, sich und Welt und Menschen zu parodiren, so würde er ein Gleichgewicht für die Seite gehabt haben, die ihn unabwendbar dem Verderben entgegenführte: aber seine Natur war nicht damit ausgestattet, seine Muse konnte nur klagen und weinen, ehren und preisen oder verachten, aber nicht in heiterm Scherze spielen und stechen. Indessen dachte in dieser Zeit noch keine Seele daran, daß dem schönen herrlichen Jüngling ein solches Alter voll Jammer bevorstehe, und Fridrich von Matthisson sagte oft, daß er nicht wohl einen angenehmern und einnehmendern jungen Menschen gesehen, als Hölderlin etwa um diese Zeit war.

Wie weit sein Hyperion schon auf der Universität gedieh, konnt' ich nie gewiß erfahren. Sicher ist nur, daß der Gedanke, der Entwurf, und einzelne Stücke dieser Epoche seines Lebens angehören. Manche lyrische Gedichte, die am Ende zu Stande kamen, zeigen schon ganz die volle reine schöne Seele seiner vollendetern, jene eigenthümlichen so tiefen und rührenden Bilder, jene flammende frische Liebe zur Natur und ihren ewigen heiligen Freunden, sind aber schon erfüllt von Schicksalsideen, und erregen düstere Besorgnisse durch die gesteigerte oft überspannte Empfindungsweise, in die ihn sein reitzbares wunderliches Wesen hineinzog, trotz dem, daß es immer die Natur war, die er verehrte und anbetete.

Nach Vollendung seiner Studien verließ er
Wirtemberg und ward Hofmeister in einem
angesehenen Hause in Frankfurth. Ein junger
Mann, der Ansprüche aller Art machen konnte, von einem unermüdet strebenden Geist,
den empfehlendsten körperlichen Eigen-
schaften, Dichter und Musiker, so konnte
es nicht fehlen, er mußte sein Glück machen.
Die Mutter seiner Zöglinge, ein junges Weib,
wie es scheint, von schwärmerischer Seele
und feurigem lebendigem Gemüth, fühlte die
Macht der Liebenswürdigkeit in dem leiden-
schaftlichen junge Manne nur allzusehr und
es währte nicht lange, so hatte Hölderlins
Flöte, Klavierspiel und Mandoline, sein zärt-
liches Lied, seine Sentimentalität im Umgang, seine artige feine Person, sein schönes
Auge, seine Jugend, sein ungewöhnlicher
Geist und sein ausgezeichnetes Talent das
fantasiereiche für alle diese Vorzüge gleich
empfängliche Weib bis auf den höchsten
Grad entzündet. Hölderlin liebte gleich stark,
gleich schwärmerisch, sein ganzes Gemüth
gerieth in Brand und Gluth. Noch zu Zeiten
seines Wahnsinns, wohl nach mehr als zwanzig Jahren, wurden Briefe bey ihm aufgefun-
den, die ihm seine geliebte Diotima geschrie-

ben, und die er bis jetzt verborgen gehalten. Der junge Enthusiast spannte seine Kräfte bis zur überschwänglichsten Exaltazion: seine Tage verflossen in diesem Liebeswahnsinn. Die höchste Gedankenwelt Platons erfüllte ihn: er verließ die Wirklichkeit, schmachtete in einer träumerischen genußvollen Gegenwart und bereitete sich eine entsetzliche Zukunft.

Dieses Liebesverhältniß, von beyden Seiten mit gleicher Leidenschaft betrieben, konnte nicht lange währen, und Hölderlin mußte endlich auf eine höchst unangenehme Weise das Haus verlassen, da es der Gemahl seiner Diotima bemerkte. Hölderlins Schmerz war unsäglich; der verwöhnte, im süßen Sinnenrausch einer so sublimen Liebe verzärtelte Jüngling mußte ins rauhe Leben hinaus. Zwar wude noch nicht alles unterbrochen, man unterhielt noch einen Briefwechsel, man verabredete, sich zu gewissen Zeiten in einem Stern zu finden, den man in demselben Augenblick ansah, und man kam sogar auf einem Gute Diotimas noch zusammen. Aber Hölderlin hatte doch einen Riß in seinem Innern, der immer gefährlicher wurde, sein Gemüthszustand war von nun an mehr als je exaltirt, seine Klage bitterer und reicher, je mehr sie wahren Gegenstand für ihren Schmerz hatte, und es war nun allein noch die Befriedigung seines auf den höchsten Gipfel gestiegenen Ehrgeitzes übrig, die ihn hätte retten können.

Sein Hyperion wurde vollendet, eine Dichtung, über die wir nichts sagen, weil sie jedem vorliegt. Nur sey es uns vergönnt, zu erinnern, daß in ihr ein dumpfer fürchterlicher Schmerz vorherrscht, und daß seine ganze poetische Welt von einem drückend schweren Nachthimmel überhangen ist. Es lassen sich auf jeder Seite beynahe einige Gedanken finden, die gleichsam Profezeiungen seines eigenen schrecklichen Schicksals sind. Jede Blume darin neigt ihr Haupt. Trotz der allebendig schönen Bilder und der glühenden Liebe zur Natur, zur Vorwelt und zu Griechenland ist der Geist dieses Romans oder vielmehr dieser Sammlung lyrischer Gedichte eine tiefe unheilbare Krankheit, die selbst aus der Schönheit einen tödtlichen Stoff zieht, ein unnatürliches Ankämpfen gegen das Verhängniß, eine wunde Sentimentalität, eine schwarze Melancholie und eine unselige Verkehrtheit, mit welcher der Dichter sich gewaltsam in den Wahnsinn hineinarbeitet.

Hölderlin kam nun nach Weimar und Jena, eben als sich der großen Männer so viele daselbst aufhielten. Er glühte von Ruhmbegier, von Drang, sich auszuzeichnen. Seine vollendetsten Gedichte fallen in diese Zeit. Ein so seltenes Talent, verbunden mit der Grazie seiner Erscheinung, konnte nicht anders als Eindruck machen. Jetzt kam alles darauf an, daß sein Ehrgeiz befriedigt wurde. Wund wie er war, gereizt und verbittert, konnte ers nicht tragen, wenn ihm Hindernisse in den Weg traten. Man sagt, daß seine geliebte Diotima durch Verbindungen, die sie mit einigen ansehnlichen Männern hatte, für ihn wirkte. Der edle Schiller hatte ihn äußerst lieb gewonnen, achtete sein Streben ungemein und sagte, daß er weit der talentvollste von allen seinen Landsleuten sey. Er suchte ihm Gutes zu thun, und zu einer Professorsstelle zu verhelfen. Wäre das geschehen, so hätte Hölderlin einen bestimmten Wirkungskreis gehabt, er hätte sich beschränken lernen, wäre gesund geworden, wäre nach und nach er-

starkt, seine geistige Überspannung hätte
nachgelassen, er wäre nützlich geworden,
und ein Weib zu seiner Seite hätte vollends
jede unnatürliche Richtung seiner Gemüths-
kräfte zerstört und ihn gelehrt, wie man leben, arbeiten und sich behelfen müsse, wenn
man mit Menschen menschlich leben wolle.
Aber Hölderlins unglückliches Schicksal und
die Mißgunst seiner Feinde lenkte es anders.
Es wurde ihm ein anderer vorgezogen, und er
sah sich hintangesetzt. Man sagt, daß ihm
Göthe nicht gut gewesen. Diß scheint wahr
zu seyn, denn so oft ich von Göthe mit ihm
zu sprechen anfieng, wollte er ihn schlechterdings nicht kennen, was bey ihm immer der
Ausdruck einer feindlichen Gesinnung ist.
Schillers dagegen, und vieler anderer Männer
erinnerte er sich oft.

Diß war ein entscheidender Schlag für Hölderlins ganzes Wesen. Er sah seine besten
Hoffnungen vereitelt, fand seinen Stolz, sein
lebhaftes Selbstgefühl beleidigt, sein Talent,
seine Kenntnisse hintangesetzt, seine Ansprüche als unzulänglich erklärt, und fand
sich abermals wieder aus dem Traum einer
wirksamen thätigen glücklichen Zukunft als

ein einsamer verlassener Pilgrim in ein Leben hinausgestoßen, für dessen Unglimpf er kein starkes Gegengift in sich hatte, dessen Unbill zu ertragen, er viel zu weichlich, viel zu zart eingerichtet war.

Er kam nun in die Schweiz, wo er Lavater, Zollikofer und andere kennen lernte, dichtete kräftige schöne Lieder und entwarf auch den Plan zu einer Tragödie. Sie auszuführen konnte ihm aber nie möglich werden: denn es ist wohl unbestreitbar, daß sein poetisches Talent kein dramatisches, sondern ein rein lyrisches war. Auch die Philosophie beschäftigte ihn, und die beginnende Schelling'sche Lehre scheint großen Eindruck auf ihn gemacht zu haben, wie er mir denn unter dem unverständlichsten Wortschwall später zuweilen von Kant und Schelling erzählte. Es hatte sich seiner aber schon eine tiefe Melancholie bemeistert, sodaß er die Menschen floh, sich einschloß, seiner Trauer überließ, und so gleichsam mit Fleiß und Absicht jenem Zustande entgegenschaffte, der nicht länger mehr ausbleiben konnte, wenn nur noch Eines hinzugekommen war. Ich meine, das verzweifelte Unternehmen, sich im Sinnentaumel, in wilden unordentlichen Genüssen, in betäubenden Ausschweifungen zu vergessen.

Das blieb nicht aus. Hölderlin ward abermals Hofmeister, und zwar in Frankreich. Er konnte unmöglich ein wüstes Leben ertragen. Er war für ein reines, geordnetes, thätiges Leben geboren, seine geistige und körperliche Natur mußte zu Grunde gehen, wenn er besinnungslos genug war, nun genießen zu wollen, ohne zu fühlen, wie er vorher fühlte, ohne zu genießen. Es währte kurze Zeit, so gerieth sein Geist durch die Schwächung eines so unordentlichen Verhaltens dermaßen aus den Fugen, daß er Anfälle von Wuth und Raserey bekam.

Auf eine unerklärbare Weise, plötzlich und unerwartet, ohne Geld und Habseligkeiten, erschien er in seinem Vaterlande. Herr von Matthisson erzählte mir einmal, daß er ruhig in seinem Zimmer gesessen, als sich die Thüre geöffnet, und ein Mann hereingetreten, den er nicht gekannt. Er war leichenbleich, abgemagert, von hohlem wildem Auge, langem Haar und Bart, und gekleidet wie ein Bettler. Erschrocken hebt sich Herr von Matthisson auf, das schreckliche Bild anstarrend, das eine Zeitlang verweilt, ohne zu sprechen, sich ihm sodann nähert, über den Tisch hinüberneigt, häßliche ungeschnittene Nägel an den Fingern zeigt, und mit dumpfer geisterhafter Stimme murmelt: Hölderlin. Und sogleich ist die Erscheinung fort, und der bestürzte Herr hat Noth, sich von dem Eindruck dieses Besuches zu erhohlen. In Nürtingen bey seiner Mutter angelangt, jagte er sie und sämmtliche Hausbewohner in der Raserey aus dem Hause.

Er hielt sich einige Zeit bey ihr auf, und hatte helle und gute Augenblicke, wiewohl er immer von der schwärzesten Melancholie geplagt war. Abermals, aber nun zum letztenmale, sollte sein für die Liebe so offenes unglückliches Herz entzündet werden. Allein man war genöthigt, ihm den Gegenstand seiner Neigung und Verehrung zu entreißen, und ein ihm sehr naher Blutsverwandter heurathete das Frauenzimmer. Diß fehlte noch, um Hölderlins Raserey zu vollenden. Nie mehr in seinem Leben wollte er diese Person kennen, wiewohl sie oftmals um ihn war. Hölderlin behauptete schlechterdings, daß er nicht die Ehre habe, Seine Majestät jemals gesehen zu haben.

Nun hörte ein wohlwollender gutgesinnter Prinz, der Hölderlin in Jena kennen gelernt hatte, von seiner unseligen Lage, und nahm sich vor, ihn durch eine angemessene Beschäftigung zu zerstreuen und wenn es möglich wäre, zu retten. Er wurde von ihm zur Stelle eines Bibliothekars berufen. Aber Hölderlin war verloren. Seine Anfälle von Raserey wurden ungestümmer und häufiger als je. Er beschäftigte sich mit einer Übersetzung von Sofocles, die des Wundersamen und Närrischen schon manches enthält. Genug, Hölderlin konnte nicht mehr beybehalten werden: unter dem Vorwand, daß er Bücher in Tübingen einkaufen müsse, wurde er dahin geschickt, dort aber in das Klinikum gebracht, wo man versuchen wollte, ihn medizinisch zu kurieren.

Zwey Jahre verweilte er hier, allein sein Geist ward nicht mehr hell, seine Denkkraft zerstört, seine Nerven unglaublich zerrüttet, und er sank endlich in den schrecklichen

Zustand, in dem er sich nun befindet. Er wurde ins Haus eines Tischlers aufgenommen, wo er in einem kleinen Zimmerchen, ohne etwas anders, als ein Bett, und einige wenige Bücher, nun schon über zwanzig Jahre lebt.

Tritt man nun in das Haus des Unglücklichen, so denkt man freylich keinen Dichter darin zu treffen, der so gerne mit Platon am Ilyssus wandelte, aber es ist auch nicht häßlich, sondern die Wohnung eines wohlhabenden Tischlers, eines Mannes, der eine für seinen Stand ungewöhnliche Bildung hat, und sogar von Kant, Fichte, Schelling, Novalis, Tieck und andern spricht. Man fragt nach dem Zimmer des Herrn Bibliothekars - so läßt er sich noch immer gerne tituliren - und kommt auf eine kleine Thüre zu. Schon hört man innen reden, man glaubt, daß Gesellschaft innen sey: Der brave Tischler sagt aber: er sey ganz allein, und rede Tag und Nacht mit sich selbst. Man besinnt sich, man zaudert, anzupochen, man fühlt sich innerlich beunruhigt. Zuletzt klopft man an, und ein heftiges lautes: Herein! wird gehört. Man öffnet die Thüre, und eine hagere Gestalt steht in der Mitte des Zimmers, welche sich aufs Tiefste verneigt, nicht aufhören will, Complimente zu machen, und dabey Manieren zeigt, die voll Grazie wären, wenn sie nicht etwas Krampfhaftes an sich hätten. Man bewundert das Profil, die hohe gedankenschwere Stirne, das freundliche freylich erloschene, aber noch nicht seelenlose liebe Auge; man sieht die verwüstenden Spuren der geistigen Krankheit in den Wangen, am Mund, an der Nase, über dem Auge, wo ein drückender schmerzlicher Zug liegt, und gewahrt mit Bedauern und Trauer die convulsivische Bewegung, die durch das ganze Gesicht sich zuweilen vorbereitet, die ihm die Schultern in die Höhe treibt, und besonders die Hände und Finger zucken macht. Er trägt ein einfaches Wams, in dessen Seitentaschen er gerne die Hände steckt. Man sagt einige einleitende Worte, die mit den verbindlichsten Verbeugungen und einem Schwall von Worten empfangen werden, die ohne allen Sinn sind, und den Fremden verwirren. Hölderlin fühlt jetzt, artig, wie er war und wie er der Form nach es noch ist, die Nothwendigkeit, dem Gaste etwas Freundliches zu sagen, eine Frage an ihn zu errichten. Er thut es; man vernimmt einige Worte, die verständlich sind, die aber meist unmöglich beantwortet werden können. Hölderlin selbst erwartet nicht im mindesten Antwort und verwirrt sich im Gegentheil aufs Äußerste, wenn der Fremde sich bemüht, einen Gedanken zu verfolgen. Darüber später, wenn wir an unsere eigenen Unterhaltungen mit ihm kommen. Für jetzt nur die flüchtige Erscheinung. Der Fremde sieht sich Eure Majestät, Eure Heiligkeit, gnädiger Herr Pater betitelt. Allein Hölderlin ist äußerst unruhig: er empfängt solche Besuche sehr ungern, und ist nachher immer verstöhrter als früher. Ich that es deßwegen jeder Zeit ungern, wenn mich jemand bat, ihn zu Hölderlin zu führen. Doch war mir diß noch lieber, als wenn man allein zu ihm gieng. Denn alsdann war die Erscheinung für den Einsamen, von allem Menschenumgang Abgeschlossenen zu neu, zu störend, und der Fremde wußte ihn nicht zu behandeln. Hölderlin selbst fieng auch bald an, für den Besuch zu danken, sich abermals zu verbeugen, und es war alsdann gut, wenn man nicht länger verweilte.

Länger hielt sich auch keiner bey ihm auf. Selbst seine früheren Bekannten fanden eine solche Unterhaltung zu unheimlich, zu drückend, zu langweilig, zu sinnlos. Denn eben gegen sie war der Bibliothekar am wunderbarsten. So war einmal Fridrich Haug, der Epigrammatiker bey ihm, der ihn von lange her kannte. Auch er wurde Königliche Majestät betitelt, und Herr Baron von Haug geheißen. Wiewohl der alte Freund versicherte, daß er nicht geadelt sey, so ließ Hölderlin dennoch schlechterdings nicht ab, ihm jene vornehmen Titel zu spenden. Gegen ganz Fremde kehrt er absolute Sinnlosigkeit vor. Aber wie wollten zuerst nur zeigen, wie er sich äußerlich darstellt und wir gehen nun ins Genauere ein, zuvörderst blos erzählend. Anfänglich schrieb er viel, und füllte alle Papiere an, die man ihm in die Hand gab. Es waren Briefe in Prosa, oder in pindarischen freyen Versmaaßen, an die theure Diotima gerichtet, häufiger noch Oden in Alcäen. Er hatte einen durchaus sonderbaren Styl angenommen. Der Inhalt ist Erinnerung an die Vergangenheit, Kampf mit Gott, Feyer der Griechen. Über die Gedankenfolge für jetzt noch nichts.

In der ersten Zeit, da er bey dem Tischler war, hatte er noch sehr viele Anfälle von Raserey und Wuth, sodaß jener nöthig hatte, seine derbe Faust anzuwenden, und dem Wüthenden tüchtig mit Schlägen zu imponiren. Einmal jagte er ihm seine sämmtlichen Gesellen aus dem Hause und Schloß die Thüre. In Zorn und Convulsionen gerieth er gleich, wenn er jemand aus dem Klinikum sah. Indem er oft frey herumgieng, so war er natürlich dem Spott heilloser Menschen ausgesetzt, deren es überall giebt, und deren Bestialität auch ein so furchtbarer, durch das Unglück geheiligter geistiger Zerfall ein Gegenstand des dummen Muthwillens ist. Das machte nun Hölderlin, wenn ers bemerkte, so wild, daß er mit Steinen und Koth nach ihnen warf, und dann wars ausgemacht, daß er noch einen Tag lang fortwüthete. Mit tiefem Bedauern haben wir bemerken müssen, daß selbst Studirende thierisch genug waren, ihn zuweilen zu reitzen und in Zorn zu jagen. Wir sagen nichts darüber, als daß von allen Bübereyen, welche auf Universitäten die Faulheit hervorbringt, diese wohl eine der nichtswürdigsten ist.

Oft nahm die Frau des Tischlers oder eine
der Töchter und Söhne den Armen in die
Güter und Weinberge hinaus, wo er sich alsdann auf einen Stein setzte und wartete, bis
man wieder nach Hause gieng. Es ist zu bemerken, daß man ganz wie mit einem Kinde
mit ihm verfahren mußte, wenn man ihn
nicht störrisch machen wollte. Wenn er so
ausgeht, so muß man ihn zuvor anmahnen,
sich zu waschen und zu säubern, indem seine
Hände gewöhnlich schmutzig sind, weil er
sich halbe Tage lang damit beschäftigt, Gras
auszureißen. Wenn er alsdann angekleidet ist,
so will er durchaus nicht voraus gehen. Seinen Hut, den er tief aufs Auge hinabdrückt,
lüpft er vor einem zweyjährigen Kinde, wenn
er anders nicht zu sehr in sich versenkt ist.
Es ist sehr lobens- und erwähnenswerth, daß
die Leute in der Stadt, die ihn kennen, ihn
nie verspotten, sondern ruhig seines Weges
gehen lassen, indem sie oft zu sich sagen: ach
wie gescheit und gelehrt war dieser Herr, und
jetzt ist er so närrisch. Allein läßt man ihn
aber nicht ausgehen, sondern nur in dem
Zwinger vor dem Hause spazirenwandeln.

Am Anfang kam er manchmal zu dem kurz-
verstorbenen trefflichen Conz. Dieser fleißi-
ge und thätige Freund der alten Literatur
hatte einen Garten vor dem Hirschauerthore
in Tübingen, wo er nach einer Gewohnheit
von Jahrzehnten täglich eine Stunde vor Mit-
tag seinen Gang hinrichtete. Ein Viertel Jahr-
hundert hindurch sah man ihn um diese Zeit
seinen schweren Körper hinaustragen, und
sofort am Thore halten, wo ihm der Thor-
wart regelmäßig die Pfeife anzünden mußte.
Alsdann gieng der Dichter ruhig und langsam
weiter und hielt sich einige Stunden draußen
im Freyen oder im Gartenhause auf. Als er
den Aeschylos übersetzte, kam Hölderlin,
der damals noch mehr Feuer und Kräfte
hatte, oftmals zu ihm hinaus. Er unterhielt
sich alsdann mit Blumenpflücken, und wenn
er einen tüchtigen Strauß beysammen hatte,
so zerriß er ihn und steckte ihn in die Ta-
sche. Conz gab ihm auch zuweilen ein Buch
hin. Einmal, erzählte er mir, bückte sich Hölderlin über ihn her und las einige Verse aus
dem Aeschylos herunter. Sodann aber schrie
er mit einem krampfigten Lachen: "Das versteh' ich nicht! Das ist Kamalattasprache".
Denn zu Hölderlins Eigenheiten gehört auch
die Bildung neuer Wörter.

Diese Besuche hörten mit der Zeit auf, je schwächer und dumpfer er wurde. Ich hatte Noth, ihn zuweilen zu bewegen, daß er mit mir einen Spaziergang in den Conz'schen Garten machte. Er hatte allerley Ausreden; er sagte: "Ich habe keine Zeit, Eure Heiligkeit" — denn auch ich bekam alle Titel durchweg — "ich muß auf einen Besuch warten"; oder brauchte er eine ihm gewöhnliche höchst sonderbare Form, indem er sagte: "Sie befehlen, daß ich hier bleibe". Manchmal aber wenn das Wetter schön und helle war, brachte ich ihn doch zum Anziehn, und wir giengen hinaus. Einmal an einem Frühlingstage war er höchlich erfreut über die reichen Blumenbüsche und die Fülle der Blüten. Er lobte die Schönheit des Gartens auf die artigste Weise. Sonst war er aber immer unvernünftiger, als wenn ich ihn allein bey mir hatte. Conz bemühte sich, ihn an Vergangenes zu erinnern, jedoch umsonst. Einmal sagte er: "Herr Hofrath Haug, dessen Sie sich noch gut erinnern werden, hat unlängst ein sehr schönes Gedicht gemacht". Hölderlin, wie gewöhnlich ganz und gar unachtsam auf das, was man zu ihm spricht, versetzte: "Hat er eins gemacht?" So daß Conz herzlich drüber lachte. Wir giengen sodann nach Hause und Hölderlin küßte beym Abschied auf der Straße Herrn Conz die Hand aufs eleganteste.

Sein Tag ist äußerst einfach. Des Morgens, besonders zur Sommerszeit, wo er überhaupt viel unruhiger und gequälter ist, erhebt er sich vor oder mit der Sonne, und verläßt sogleich das Haus, um im Zwinger spazieren zu gehen. Dieser Spaziergang währt hie und da vier oder fünf Stunden, so daß er müde wird. Gerne unterhält er sich damit, daß er ein Schnupftuch in die Hand nimmt, und auf die Zaunpfähle damit zuschlägt, oder das Gras ausrauft. Was er findet, und sollt' es nur ein Stück Eisen oder ein Leder seyn, das steckt er ein und nimmt es mit. Dabey spricht er immer mit sich selbst, fragt sich und antwortet sich, bald mit Ja, bald mit Nein, häufig mit Beydem. Denn er verneint gerne.

Alsdann geht er ins Haus, und schreitet dort umher. Man bringt ihm sein Essen aufs Zimmer und er speist mit starkem Appetit, liebt auch den Wein, und würde so lange trinken, als man ihm gäbe. Ist er mit dem Essen zu

Ende, so kann er keinen Augenblick länger das Geschirr in seinem Zimmer leiden und er stellts sogleich vor die Thürschwelle auf den Boden. Er will durchaus nur drin haben, was sein ist, alles andere wird auf der Stelle vor die Thüre gelegt. Der übrige Theil des Tages zerfließt in Selbstgesprächen und Auf- und Abgehen in seinem Zimmerchen.

Womit er sich Tagelang beschäftigen kann, das ist sein Hyperion. Hundertmal, wenn ich zu ihm kam, hört ich ihn schon außen mit lauter Simme declamiren. Sein Pathos ist groß, und Hyperion liegt beynahe immer aufgeschlagen da. Er las mir oft daraus vor. Hatte er eine Stelle weg, so fieng er an mit heftigem Gebärdenspiel zu rufen: "O schön, schön! Eure Majestät!" — Dann las er wieder, dann konnte er plötzlich hinzusetzen: "Sehen Sie, gnädiger Herr, ein Komma!" Er las mir auch oft aus andern Büchern vor, die ich ihm in die Hand gab. Er verstand aber nichts, weil er zu zerstreut ist, und nicht einmal einen eigenen Gedanken, geschweige einen fremden verfolgen kann. Jedoch lobte er seiner gewöhnlichen Artigkeit zu Folge das Buch immer über die Maaßen.

Seine übrigen Bücher bestehen aus Klopfstocks Oden, Gleim, Kronegk, und dergleichen alten Poeten. Klopfstocks Oden liest er
oft, und zeigt sie gleich vor.

Ich sagte ihm unzähligemal, daß sein Hyperion wieder neu gedruckt worden, und daß
Uhland und Schwab seine Gedichte sam-
meln . Ich erhielt aber nie eine andere Antwort, als eine tiefe Verbeugung und die Worte: "Sie sind sehr gnädig, Herr von Waiblinger! Ich bin Ihnen sehr verbunden, Eure Heiligkeit". Oft wollt' ich, wenn er eine Frage
auf diese Weise kurzweg abschnitt, mit Gewalt auf eine vernünftige Antwort dringen,
drehte meine Worte, ließ nicht ab, brachte
immer wieder dasselbe in anderer Wendung
vor, und hörte erst auf, als er in heftige Bewegung geriet und einen fürchterlich kun-
terbunten sinnlosen Wortschwall hervor-
brachte.

Der Tischler verwunderte sich bald, daß ich
so viele Gewalt über ihn ausüben könnte, daß
er mit mir gieng, sobald ich wollte, und daß
er sich auch in meiner Abwesenheit so viel
mit mir beschäftigte. Womit ich ihn am mei-

sten vergnügte, das war ein hübsches Gartenhaus, das ich auf dem Österberg bewohnte, dasselbe, worin Wieland die Erstlinge seiner Muse niederschrieb. Hier hat man Aussicht über grüne freundliche Thäler, die am Schloßberg emporgelagerte Stadt, die Krümmung des Neckars, viele lachende Dörfer und die Kette der Alb. Es sind nun mehr als vier Jahre, daß ich hier einen angenehmen Sommer verlebte, mitten im Grün, bey so erquickender Aussicht, beynahe ganz im Freyen. Leider lastete damals ein so gefährlicher Druck auf meinem Geist, daß selbst der Genuß dieser freundlichen Natur nicht im Stande war, mich innerlich zu erheitern und zu stärken, und ich hier einen Roman schrieb, den ich bald darauf für werth hielt, verbrannt zu werden, und in dem nur weniges enthalten war, dessen ich mich nicht eben schäme. Doch kam später noch der Gesang der Kalonasore hier zu Stande, der, als er drey Jahre darauf gedruckt wurde, wenigstens dem Verfasser den Beyfall der gerühmtesten Kenner und Freunde der Poesie erwarb. Hier also wars, wo ich Hölderlin jede Woche einmal hinaufführte. Oben angelangt, und ins Zimmer eintretend, verneigte sich

Hölderlin jedesmal, indem er sich meiner Gunst und Gewogenheit aufs angelegentlichste empfahl. Höflichkeitsfloskeln bringt er allenthalben an, und es ist wirklich oft, als ob er damit geflissentlich jedermann recht ferne von sich halten wollte. Hat es einen Grund, so ists gewiß dieser: es ist aber vielleicht zuviel, allem und jedem eine tiefere Ursache zuschreiben zu wollen, als die blose Sonderbarkeit und Kuriosität.

Hölderlin öffnete sich das Fenster, setzte sich in seine Nähe und fieng an, in recht verständlichen Worten die Aussicht zu loben. Ich bemerkte es überhaupt, daß es besser mit ihm stand, wenn er im Freyen war. Er sprach weniger mit sich selbst, und diß ist mir ein vollkommener Beweis, daß er klarer wurde: denn ich habe mich überzeugt, daß jenes unablässige Selbstgespräch nichts anders als eine Folge der Unstätheit seines Denkens und der Unmacht ist, einen Gegenstand festzuhalten. Davon hernach. Ich versorgte Hölderlin mit Schnupf- und Rauchtaback, an welchem er eine große Freude hatte. Mit einer Prise konnte ich ihn ganz erheitern, und wenn ich ihm nun gar eine Pfeife füllte, und ihm Feuer machte, so lobte er den Taback und die Maschine aufs lebhafteste, und war vollkommen zufrieden. Er hörte auf zu sprechen, und wie er sich nun so am besten fühlte, und es nicht gut war, ihn zu stören, so ließ ich ihn, indem ich etwas las.

Womit er viel zu schaffen hatte, das war das pantheistische Ein und All, mit großen griechischen Charakteren über mein Arbeitstisch an die Wand geschrieben. Er sprach oft lange mit sich selbst, immer das geheimnißvolle vielbedeutende Zeichen anschauend, und einmal sagte er: "Ich bin nun orthodox geworden, Eure Heiligkeit! Nein, nein! Ich studire gegenwärtig den dritten Band von Herrn Kant, und beschäftige mich viel mit der neuern Philosophie". Ich fragte ihn, ob er sich Schellings erinnere. Er sagte: "Ja; er hat mit mir zu gleicher Zeit studirt, Herr Baron!" — Ich sagte, daß er nun in Erlangen sey, und Hölderlin erwiederte: "Vorher ist er in München gewesen". Er fragte ob ich ihn schon gesprochen, und ich sagte ja. —

Freylich auf die wunderbarste Weise von der Welt. In Stuttgart schon war mir einmal seine Bekanntschaft entgangen, indem ich sein Hierseyn eben erfuhr, als er im Begriff war abzureisen, und Herr Hofrath Haug, der mich zu ihm führen wollte, mir nur einige für mich sehr schmeichelhafte Worte von ihm sagte. Als ich später einmal nach Erlangen kam, wollt' ich ihn besuchen. In seinem Hause angekommen, fand ich niemand, der mich gemeldet hätte. Alles war todtenstill. Ich wußte weder Stock noch Thüre, und stand lange Zeit in einem Gang, indem ich über dieses sonderbare Warten lachen mußte. Nein, dacht' ich, ich gehe dem großen Philosophen nicht aus dem Hause, bis ich endlich einmal zu seiner Bekanntschaft gekommen bin, und einmal muß sich ja doch etwas Lebendiges hier regen, wo alles zu Hause ist, was sich im Himmel und auf Erden beweget. Plötzlich hört' ich husten. Das war Schelling! sagt ich mir, das war er! das muß er gewesen seyn, und nun keck und ohne Weiteres auf die Thüre zu, von wo der Schall herkam, und angepocht. Das geschah. In demselben Augenblicke fast stand auch schon eine Person vor der Thüre, deren Physiognomie durchaus mir den Philosophen zeigte. Schelling fragte mich heftig, ob ich ein Fremder sey, und bat mich in ungestümmer Schnelligkeit, ihn nach dem Essen zu besuchen, indem er jetzt gebunden sey. Ich schaute ihm ruhig ins Gesicht, empfahl mich und gieng. Nun, sagt ich zu mir selbst, hab' ihn gesehen und gesprochen, aber ich bin ihm doch recht zur Unzeit gekommen! Ich hatt' ihm nicht einmal meinen Namen gesagt. Ich weiß nicht, welche Stravaganz mich trieb, meinen Besuch nicht zu wiederhohlen, sondern augenblicklich abzureisen, zufrieden, den großen Philosophen nun doch gesprochen und eben in einem Moment gesehen zu haben, wo er vielleicht in der Begeisterung seiner Weltalter brannte.

Doch ich kehre zu Hölderlin zurück. Er erinnerte sich Matthissons, Schillers, Zollikofers, Lavaters, Heinses und vieler anderer, nur, wie ich schon bemerkt, Göthe's nicht. Sein Gedächtniß zeigte noch Kraft und Dauer. Ich fand es einmal befremdend, daß er das Porträt Fridrichs des Großen an der Wand hängen hatte und fragte ihn deßhalb. Er sagte mir: "Das haben Sie schon einmal bemerkt, Herr Baron"; und ich erinnerte mich nun selbst es wohl viele Monate vorher bemerkt zu haben. So erkennt er auch alle wieder, die er gesehen. Er vergaß nie, daß ich Dichter bin, und fragte mich unzähligemal, was ich gearbeitet hätte, und ob ich fleißig gewesen sey. Dann konnte er aber freylich sogleich hinzusetzen: "Ich, mein Herr, bin nicht mehr von demselben Namen, ich heiße nun Killalusimeno. Oui, Eure Majestät: Sie sagen so, Sie behaupten so! es geschieht mir nichts!"

Diß letztere überhaupt hört' ich häufig bey ihm. Es ist, als ob er sich dadurch vor sichern und beruhigen wollte, indem er sich immer den Gedanken vorhält, es geschieht mir nichts.

Ich gab ihm auch Papier zum Schreiben. Alsdann setzte er sich an den Schreibtisch und machte einige Verse, auch gereimte. Sie waren jedoch ohne Sinn, besonders die letztern, übrigens metrisch richtig. Er erhob sich sodann, und überreichte sie mir mit großen Complimenten. Einmal schrieb er drunter: "Dero unterthänigster Hölderlin".

Einmal hatt' ich ihm gesagt, daß auf den Abend Conzert sey. Ich hatte daran gedacht, ob es nicht möglich wäre, ihm diesen Genuß zu verschaffen. Allein man konnt' es nicht wagen. Vielleicht hätte die Musik zu starken Eindruck auf ihn gemacht, oder war von der Ungezogenheit der Studenten zu befürchten. Genug, ich verließ mit ihm das Gartenhaus. Er war ganz in sich versunken, und sprach keine Sylbe. Als ich schon mit ihm in der Stadt war, sah er mich zumal an, als ob er aufwachte, und sagte: "Conzert". Gewiß, daß er unterdessen daran gedacht.

Denn die Musik hat ihn noch nicht ganz verlassen. Er spielt noch richtig Klavier, aber höchst sonderbar. Wenn er dran kommt, so bleibt er Tage lange sitzen. Alsdann verfolgt er einen Gedanken, der kindisch simpel ist, und kann ihn viele hundertmal hindurchdrehn und dermaßen abspielen, daß mans nicht mehr aushalten kann. Zudem kommt noch ein schnelles Aufzucken von Krampf, das ihn nöthigt, manchmal blitzschnell über die Tasten wegzufahren, und das unangenehme Klappen seiner langgewachsenen Nägel. Diese nämlich läßt er sich höchst ungern schneiden, und es sind eine Menge Kunstgriffe nöthig, um ihn zu bewegen, wie man sie bey störrischen und eigensinnigen Kindern anwendet. Hat er eine Zeitlang gespielt, und ist seine Seele ganz weich geworden, so sinkt zumal sein Auge zu, sein Haupt richtet sich empor, er scheint vergehn und verschmachten zu wollen, und er beginnt zu singen. In welcher Sprache, das konnte ich nie erfahren, so oft ich es auch hörte, aber er thats mit überschwänglichem Pathos, und es schauderte einen in allen Nerven, ihn so zu sehen und zu hören. Schwermuth und Trauer war der Geist seines Gesanges: man erkannte einen ehmals guten Tenor.

Kinder liebt er sehr. Aber sie haben Angst vor ihm und fliehen ihn. Den Tod fürchtet er ausnehmend, wie er überhaupt sehr furchtsam ist. Bey seiner entsetzlichen Nervenschwäche ist er leicht zu erschrecken. Er fährt beym kleinsten Geräusch zusammen. Wenn er in Bewegung, in Zorn, oder nur in übler Laune ist, so zuckt sein ganzès Gesicht, seine Gebärden sind heftig, er dreht die Finger so krampfig zusammen, als ob keine Gelenke drin wären, und schreyt wohl auch laut, oder tobt er in ungestümmen Discursen mit sich selbst. In einem solchen Moment muß man ihn allein lassen, bis sich die Wallung gesetzt hat, sonst wird man am Arm hinausgeführt. Ist er ganz aufgebracht, so liegt er ins Bett und steht einige Tagelang nicht mehr auf.

Einmal kam es ihm plötzlich in Sinn, nach Frankfurth zu gehen. Man nahm ihm nun die Stiefel weg, und das erzürnte den Herrn Bibliothekar dergestalt, daß er fünf Tage im Bette blieb. Im Sommer plagt ihn die Unruhe aber oft so, daß er Nächtelang im Hause auf- und abgeht.

Ich wollte ihm andere Bücher geben, und dachte, den Homer, der ihm noch im Gedächtniß sey, werde er doch lesen. Ich bracht' ihm eine Übersetzung, aber er nahm sie nicht an. Ich ließ sie also beym Tischler, und sagte diesem, er solle behaupten, daß sie ihm gehöre. Dennoch nahm sie Hölderlin nicht an. Der Grund davon ist nicht Stolz, sondern Furcht, sich zu beunruhigen, indem er sich mit etwas Fremdem einläßt. Nur das Gewohnte konnte ihn in Ruhe las-

Wilhelm Waiblinger

1804 – 1830

"Porträt Wilhelm Waiblinger" (nach Th. Wagner)
Radierung, 1981, 1/3 natürl. Größe

H in seinen 18.ten Jahr
von J.G. Nast

H. mit 18 Jahren
aus dem Stammbuch
von C.E. Hiller

18 jährig in Maulbronn
oder Denkendorf

"Hölderlin/Befragung der Bildbiographie"
Radierung, 1981, natürl. Größe

"Die Morgenlandfahrt" (nach Meister der Sterzinger Altarflügel), Radierung, 1981, 1/3 natürl. Größe

"Hölderlin/Befragung der Bildbiographie"
Radierung, 1981, 1/3 natürl.Größe

um 1798

20jährig
als Magister

"Hölderlin/Befragung der Bildbiographie"
Radierung, 1981, natürl.Größe

"Ecce homo oder H. wird dem Volk gezeigt"
(nach H.Bosch), Radierung, 1981, 1/2 natürl.Größe

Wilhelm Waiblinger

in Rom 1826/30

"Porträtkonstruktion/Wilhelm Waiblinger in Rom"
Radierung, 1981, 1/3 natürl.Größe

"Die Morgenlandfahrt", (nach Meister der Sterzinger
Altarflügel), Radierung, 1981, natürl.Größe

"Die drei Philosophen" (nach Giorgione)
Radierung, 1981, 1/3 natürl. Größe

"Im Turm oder The downfall of Icarus" (nach W.Hogarth)
Radierung, 1981, natürl. Größe

"Die drei Philosophen (nach Giorgione)"
Radierung, 1981, 1/2 natürl.Größe

„ Im Turm oder The dawnfall of Icarus" (nach W.Hogarth)
Radierung, 1981, 1/2 natürl. Größe

sen, Hyperion und seine bestäubten alten Poeten: Homer war ihm seit 20 Jahren fremd geworden, und alles Neue störte ihn.

Ich lud ihn auch ein, mit mir in einen Garten zu gehen, wo ein Weinschank war. Die Aussicht war hier sehr hübsch, und man war gänzlich unbeobachtet. Hölderlin trank männlich. Auch das Bier schmeckte ihm. Er vertrug mehr als man glauben sollte. Ich sorgte aber, daß nie die Gränze überschritten wurde. Er fühlte sich ganz behaglich, wenn er so eine Pfeife rauchte. Denn er sprach nicht mehr, und verhielt sich ruhig.

Seiner alten Mutter schrieb er, aber man mußte ihn immer mahnen. Diese Briefe waren nicht unvernünftig. Er gab sich Mühe, und sie wurden sogar klar. Aber nur so, auch dem Styl nach, wie ein Kind schreibt, das noch nicht fertig denken und schreiben kann. Einer war einmal in der That gut, endete aber so: "Ich sehe, daß ich aufhören muß". Hier verwickelte er sich schon, fühlte es selbst, und schloß. Man kann diesen Zustand am besten mit der Störung im Denken vergleichen, die man bey Krankheiten, bey starkem Kopfweh, heftiger Schläfrigkeit, und des Morgens nach einem allzu unmäßigen Abend beym Weine in sich gewahrt.

Mein Gartenhaus war ihm so theuer geworden, daß er Jahre nachdem ich es nicht mehr bewohnte, sich noch darnach erkundigte, und wenn er mit der Tischlersfrau in einen in seiner Nähe gelegenen Weinberg gieng, mehreremale vor die Thüre des Häuschens hinaufstieg, und schlechterdings behauptete, daß hier Herr von Waiblinger wohne.

Die Natur, ein hübscher Spaziergang, der freye Himmel that ihm immer gut. Ein Glück für ihn ist es, daß er von seinem Zimmerchen aus eine wirklich recht lachende Aussicht auf den Neckar, der sein Haus bespült, und auf ein liebliches Stück Wiesen- und Berglandschaft genießt. Davon gehen noch eine Menge klarer und wahrer Bilder in die Gedichte über, die er schreibt, wenn ihm der Tischler Papier gibt.

Merkwürdig ist, daß er nicht auf Gegenstände zu sprechen gebracht werden konnte, die ihn ehedem in bessern Tagen sehr in Anspruch genommen. Von Frankfurth, Diotima, von Griechenland, seinen Poesien und dergleichen ihm einst so wichtigen Dingen redet er kein Wort, und wenn man auch geradezu fragt: "Sie waren wohl schon lange nicht mehr in Frankfurth", so antwortet er blos mit einer Verbeugung: "Oui, Monsieur, Sie behaupten das", und dann kommt eine Fluth von Halbfranzösisch.

Eine ungemeine Freude hat man ihm damit gemacht, daß man ihm endlich in den letzten Jahren ein kleines Sopha in sein Zimmerchen that. Das verkündet' er mir mit einem kindischen Entzücken, als ich zu ihm kam, indem er mir die Hand küßte, und sagte: "Ach sehen Sie, gnädiger Herr, nun hab' ich ein Sopha". Ich mußt' auch gleich Platz nehmen, und Hölderlin traf ich eine Zeitlang nachher meist auf ihm an, wenn ich ihn besuchte.

Ich machte in der Zeit, da ich mit ihm umgieng, viele Reisen nach Italien, in die Schweiz und ins Tirol, und wenn ich zurückkam, so wußte er immer, wo ich gewesen, und äußerte sich besonders gerne über

über die Schweitz, wo er die schöne Gegend von Zürich und St. Gallen lobte, und von den Herren Lavater und Zollikofer sprach. Einmal sagte ich ihm, daß ich nun nach Rom gehen und sobald nicht mehr zurückkehren werde, und lud ihn scherzhaft ein, mein Reisegefährte zu seyn. Er lächelte so liebenswürdig verständig, als nur ein Weiser lächeln kann, und sagte: "Ich muß zu Hause bleiben und kann nicht mehr reisen, gnädiger Herr".

Zuweilen gab er Antworten, worüber man fast durchaus lachen mußte, zumal da er sie mit einer Miene gab, als ob er wirklich spottete. So fragte ich ihn einmal, wie alt er nun sey, und er versetzte lächelnd: "Siebzehn, Herr Baron". Diß ist aber keine Ironie, sondern gänzliche Zerstreuung. Nie gibt er Acht auf das, was man zu ihm spricht, weil er immer in sich selbst mit seinen unvollkommenen unklaren Gedanken kämpft, und will man ihn nun plötzlich mit einer Frage aus diesem dumpfen Brüten herausreißen, so muß man mit dem Nächsten zufrieden seyn, was ihm auf die Zunge kommt. So gieng ich einmal mit ihm über eine Wiese spazieren und ließ ihn lange in sich versenkt neben mir

hergehen, als ich ihn schnell auf ein neuge-
bautes Haus aufmerksam machte und sagte:
"Sehen Sie, Herr Bibliothekar, dieses Gebäu-
de haben Sie gewiß noch nicht bemerkt".
Hölderlin wachte plötzlich auf, und sagte
mir mit einem Ausdruck, als hänge das Wohl
der Welt davon ab: "Oui, Eure Majestät".

Von seinen schriftlichen Sachen und dem
Vielen, was er während seines traurigen Le-
bens geschrieben, besitz' ich eine Menge in
Deutschland, und würde gerne davon etwas
mittheilen, wenn es mir möglich wäre. Ich
erinnere mich nur einer Ode in alcäischem
Versmaaß, die mit folgenden rühendschönen
Zeilen beginnt:

An Diotima.

Wenn aus der Ferne, da wir geschieden sind,
Ich dir noch kennbar bin, die Vergangenheit,
    O du Theilhaber meiner Schmerzen,
    Einiges Gute bezeichnen dir kann --

In der letzten Zeile sieht man schon, wie er
den Gedanken nicht mehr erfassen konnte,
und wie es ihm gerade gieng, gleich einem

angehenden oder schlechten Dichter, der sich nicht ins Klare darüber bringen kann, was er sagen will, und nicht Meister genug darüber ist, um es so stark auszudrücken, als er es empfindet.

In seinen Briefen ist durchgehends der Inhalt ein Kampf und ein Anringen gegen die Gottheit oder das Schicksal, wie er sie gerne nennt. Eine Stelle lautet folgendermaaßen: "Himmlische Gottheit, wie war es unter uns, da ich dir noch verschiedene Schlachten und einige nicht unbedeutende Siege abgewann!"

Ein schreckliches geheimnißvolle Wort fand ich einmal in seinen Papieren. Nach vielem Ruhmwürdigen, was er von griechischen Heroen und alter Götterschönheit sagt, beginnt er: "Nun versteh' ich den Menschen erst, da ich ferne von ihm und in der Einsamkeit lebe!"

Naturanschauungen sind ihm noch vollkommen klar. Es ist ein großer erhebender Gedanke, daß die heilige alllebendige Mutter Natur, die Hölderlin mit seiner gesundesten, schwungvollsten, frischesten Poesie feyerte, auch da, wo ihm die Welt des blosen Gedankens in einem unseligen Wirrwar untergieng, und es ihm nicht mehr gegeben war, etwas rein Abgezogenes consequent zu verfolgen, noch von ihm verstanden wird. Das beweist sein Benehmen im Freyen, der Eindruck und die wohlthätige, beruhigende Wirkung, die sie auf ihn äußert, und besonders manche schöne Bilder, die er sich frischweg aus der Natur holte, indem er von seinem Fenster aus den Frühling kommen und gehen sah. So mahlte er in einem Verse auf eine homerisch anschauliche Weise, wie die Schaafe über einen Steeg wandern. Das sah er oft am Fenster. Er kam auf einen ganz sublimen Gedanken, indem er die silbernen Regentropfen von seinem Dache fallen sah.

Der Zusammenhang wird aber freylich vergebens gesucht, und bemüht er sich, etwas Abstracktes zu sagen, so verwirrt er sich, wird lahm, und hilft sich am Ende blos mit einer stravaganten Wortfügung.

Der grösste Irrthum, in den manche flüchtige Beobachter dieses verwirrten Seelenzustandes gefallen, ist der, daß sie glauben, Hölderlin habe die fixe Idee, mit nichts als Königen, Päbsten und vornehmen Herrn umzugehen, weil er jedermann, und auch dem Tischler jene hohen Titel gibt. Allein das ist ganz falsch. Hölderlin ist ohne eine durchgehends ihn beherrschende fixe Idee. Er ist mehr in einem Zustand der Schwäche, als der Narrheit, und alles, was er Sinnloses vorbringt, ist eine Folge jener geistigen und körperlichen Erschöpfung. Erklären wir uns deutlicher.

Hölderlin ist unfähig geworden, einen Gedanken festzuhalten, ihn klar zu machen, ihn zu verfolgen, einen andern ihm analogen anzuknüpfen, und so in regelmäßiger Reihenfolge durch Mittelglieder auch das Entfernte zu verbinden. Sein Leben ist, wie wir gesehen, ein ganz inneres, und diß ist gewiß eine der Hauptursachen, daß er in diesen Zustand der Abstumpfung versunken, aus dem sich herauszuarbeiten, schon seine physische Erschlaffung und die unglaubliche Schwäche seiner Nerven unmöglich macht. Es fällt ihm etwas ein, sey es eine Erinnerung, sey es vielleicht eine Bemerkung, die ihm ein Gegenstand der Außenwelt erweckt, er fängt an zu denken. Aber nun mangelt ihm alle Ruhe, alles Stäte und Feste, um zu erfassen, was nur wie in Dunst in ihm werden wollte. Er sollte ausbilden, und es fehlt die Kraft, auch nur einen Begriff in seine Merkmale zu zerlegen. Er will bejahen, aber wie es ihm nicht um die Wahrheit zu thun ist, denn diese kann nur das Produckt eines gesunden geordneten Denkens seyn, so verneint er im Augenblick, denn die gesammte Welt des Geistes ist ihm Schein und Nebel, und sein ganzes Wesen ist ein entschiedener freylich schrecklicher Idealismus geworden. Sagt er z.B. zu sich selbst: die Menschen sind glücklich, so mangelt es ihm an Halt und Klarheit, um sich zu fragen warum und wie, er fühlt eine dumpfe widerstrebende Empfindung in sich, er widerruft, und sagt: die Menschen sind unglücklich, ohne sich darum zu bekümmern, warum und wie sie es sind. Diesen unglückseligen Widerstreit, der seine Gedanken schon im Werden zernichtet, konnte ich unzähligemal bemerken, weil er gewöhnlich laut denkt. Gerieth er auch wirklich so weit mit dem Festhalten eines Begriffs oder einer Idee, so schwindelte ihm sogleich der Kopf, er verwirrte sich nur desto stärker, es zuckte eine convulsivische Bewegung durch seine Stirne, er schüttelte mit dem Haupt, und rief: Nein! nein! Und um sich aus diesem Schwindel, der ihn allzusehr beunruhigte, herauszumachen, verfiel er nun alsobald in ein Deliriren, er sagte Worte ohne Sinn und Bedeutung, gleichsam als ob sein Geist, allzusehr angestrengt durch jene zu lange Funktion des Denkens, sich erholen sollte, während der Mund Worte aussprach, bey denen jener nichts zu thun hatte. Diß wird ferner auch klar aus seinen Papieren. Es ist ihm noch gegeben, einen Satz hinzuschreiben, der etwa das Thema seyn soll, das er ausführen will. Dieser Satz ist klar und richtig, wiewohl er meist doch nur eine Erinnerung ist. Allein wenn er ihn durchführen, ausarbeiten, entwickeln soll, so daß es darauf ankommt zu zeigen, wie weit er im Stande sey, jene noch gebliebene Erinnerung durchzudenken, und den neu ergriffenen Gedanken gleichsam wieder zu erzeugen, so fehlt es ihm sogleich, statt Einem Faden, der das Vielfache verknüpfen sollte, gehen ihrer so viele durcheinander und verlieren sich dergestalt in einem wüsten Gespinnst, wie in einer Spinnwebe. Er wird sogleich matt, er kommt von Einem aufs andere, und spricht nun endlich mit derselben Mühseligkeit seine Worte aus, mit der ein im Denken und Schreiben noch ungeübtes Kind schriftlich zu erklären sich anstrengt. Nun aber sind ihm, wie wir oben sagten, noch eine Menge sublimer metafisischer Gedanken im Kopf, es ist ihm ferner noch ein gewisser Sinn für poetischen Anstand, für originellen Ausdruck geblieben, und er äußert sich sofort dunkel und höchst abentheuerlich, gleich unfähig, seine dunstigen aufgestiegenen Geistesblasen festzuhalten oder jenen Erinnerungen eine neue Wendung oder eine klare Consistenz zu geben, als auf der andern Seite bemüht, durch eine noch in seiner Macht gebliebene ungewöhnliche Form und Ausdrucksweise wie mit Absicht seine Verlegenheit zu verdecken.

Zu dieser Art Poesien gehören selbst schon einige Stücke, welche in der Sammlung seiner Gedichte stehen. Wiewohl sie des Schönen, Frischen und Klaren viel enthalten, ja sogar herrliche schwungvolle Stellen zeigen, so findet man doch hie und da Untiefen, welche wie schattige Flecken auf einer glatten sonnigen Wasserfläche aussehen. Hier hatte sich Hölderlins Geist, dessen Leiden eben zu jener Zeit begannen, wo er benannte Gedichte schrieb, schon verwickelt, und ist nicht im Stande, den Stoff ganz zu bemeistern. Es wäre daher gut gewesen, wenn die Herausgeber, Uhland und Schwab, die sonst mit so vieler Sorgfalt und Mühe auswählten, diese Stücke entweder weggelassen, oder wenigstens für solche, die mit Hölderlins Zustande unbekannt sind, mit einer Bemerkung versehen hätten. Die zartfühlenden Herausgeber hielt wohl eine Rücksicht für den noch lebenden Dichter ab, der übrigens für die Erscheinung seiner Gedichte gar kein Interesse zeigte.

Auf diese Art ist er immer mit sich selbst beschäftigt, wenn er nicht etwa in einem Zustand vollkommener Stumpfheit ist. Kommt er nun mit einem Menschen zusammen, so erscheinen die verschiedensten Motive, die ihn so unzugänglich und unverständlich machen. Fürs Erste ist er gewöhnlich dergestalt in sich versenkt, daß er nicht die mindeste Aufmerksamkeit auf das hat, was außer ihm ist. Es ist eine unermeßliche Kluft zwischen ihm und der ganzen Menschheit. Er ist entschieden aus ihr hinausgetreten, wie ihm auch ihre Kräfte versagt haben. Es findet keine Verbindung mehr mit ihr statt, als etwa die der blosen Erinnerung, der blosen Angewöhnung, des Bedürfnisses, und des nie ganz zu ertödtenden Instinkts. Er erschrack z.B. einmal aufs Äußerste, als er ein Kind in einer gefährlichen Stellung am Fenster sah, lief schnelle hin und nahm es weg. Diese scheinbar menschliche Theilnahme an Menschlichem ist von seinem einst so tieffühlenden, so aufgeschlossenen warmen Gemüthe zurückgeblieben. Aber auch nichts anders als dieser instinktmäßige Trieb. Es wäre ihm gleichgültig, wenn man ihm sagte, die Griechen seyen bis auf den letzten Sprößling ausgerottet, oder sie hätten vollkommen obgesiegt und bestünden nun als selbständiger Staat, ja er würde es nicht einmal in sich aufnehmen, würde es nicht einmal denken: denn es liegt ihm zu fern, ist zu fremd, stört ihn zu sehr. So würde er, wenn man ihm gesagt hätte, ich sey gestorben, mit großem Affekt gesagt haben: Herr Jesus, ist er gestorben? — Aber er hätte im ersten Moment nichts gefühlt und nichts gedacht, jene scheinbar theilnehmenden Worte wären blose Form gewesen, die er immer beobachten möchte, und erst später, wenn es nach und nach Eingang in ihn gefunden hätte, so würde er von meinem Tod gesprochen haben. Weiter übrigens gewiß nichts: denn er kann sich anderer schlechterdings nicht mehr annehmen.

Schon diese unablässige Zerstreuung, diese Beschäftigung mit sich selbst, dieser totale Mangel an Theilnahme und Interesse für das, was außer ihm vorgeht, diese seine Abneigung und Unfähigkeit, eine andere Individualität zu erfassen, anzuerkennen, verstehen, gelten lassen zu wollen, schon diese Gründe machen eine genaue Communicazion mit ihm unmöglich. Nun ist nicht zu vergessen, daß noch eine starke Eitelkeit, und eine Art von Stolz und Selbstgefühl in ihm zurückgeblieben. In seiner zwanzigjährigen Einsamkeit fand es nur Nahrung: weil er von aller Welt abgeschieden lebte, so gewöhnte er sich daran, sie nicht mehr nöthig zu haben, weil keine Möglichkeit einer frohen Berührung mit ihr vorhanden war, so tröstete und beruhigte er sich selbst mit stolzen Vorspieglungen, und er hielt sich, wie früher in der offenen halb anerkennenden äußern Welt durch Thätigkeit und Wirken, so nun in seinem abgeschlossenen Leben, wo er sich selbst Ich und Nicht-Ich, Welt und Mensch, erste und zweyte Person war, für etwas Hohes oder Höchstes. Diese große Meinung von sich ist aber durch die liebenswürdige Grazie und die unverkennbare Güte seiner Natur verdeckt: Erziehung, angeborner, natürlicher Anstand, ein Sinn für Schicklichkeit, der jetzt nur hie und da durch Geistesabwesenheit und Zerstreuung unbemerkbar wird, Umgang mit trefflichen Männern aller Art, und selbst mit Leuten von hohem Stande, ließen sie nie hervortreten, und Hölderlin benahm sich sogar mit einer Bescheidenheit, mit der er sich viele Herzen gewann. Alle diese Formen der Höflichkeit und Artigkeit sind ihm so angewöhnt, daß er sie jetzt noch gegen jedermann beobachtet. Allein wie er bey so gestörtem geistigem Leben, bey so langer Abgeschiedenheit auf die absurdesten Dinge kommen muß, so übertreibt er auch jene Convenienzen und Ceremonien, und nennt die Leute bald Majestät, bald Heiligkeit, bald Baron und bald Pater. Es ist dabey nicht zu vergessen, daß er bey Hofe war, als seine Raserey gewaltsam und entschieden ausbrach, und daß wohl auch etwas Stolz und Eitelkeit, und selbst seine auffallende Neigung mitunter ihr Spiel haben kann, sich jedermann in einer unübersteigbaren Ferne zu halten. Aber daß er wirklich mit Königen umzugehen glaubt, daran ist nicht zu denken: denn, wie ich oben bemerkte, er ist kein Narr, hat keine fixe Idee, und sein Zustand ist nur der einer Geistesschwäche, welche durch ein zerstörtes Nervensystem zu einer unheilbaren Krankheit geworden ist.

Wie er alles meidet, was ihn plagt, was ihm die Denkfunkzion in noch größere Verwirrung bringt, so erinnert er sich auch weniger gern an die wichtigern Gegenstände seines früheren Lebens, die seine Krankheit veranlaßt haben. Kommt er aber darauf, so wird er entsetzlich unruhig, er tobt, er schreyt, er geht Nächtelang umher, er wird unsinniger, als gewöhnlich, und läßt nicht eher nach, bis seine allzu geschwächte physische Natur ihre Erhaltungsrechte eintreibt. Ist er erzürnt und gereitzt, wie z.B. damals als ihms in den Kopf kam, plötzlich nach Frankfurth zu gehen, so sucht er aus Bitterkeit sich sein Zimmerchen, auf das er die ganze weite Welt reduzirt hat, auf einen noch kleinern Raum zu reduziren, als wie wenn er dann sicherer, unangefochtener wäre, und den Schmerz besser aushalten könnte. Dann legt er sich zu Bett.

Das viele Sinnlose, was er zu sich selbst, und andern spricht, ist die Folge seiner Art, sich zu unterhalten. Er ist allein, er hat Langeweile, er muß sprechen. Er sagt etwas, das vernünftig ist, er kann es nicht weiter ausbilden, es kommt ihm etwas anderes in Sinn, und das wird Schlag auf Schlag von einem Dritten und Vierten verdrängt und zernichtet. Jetzt kommt eine schreckliche Confusion heraus, er fühlt sich übel darin, er redet Unsinn, plaudert Bedeutungsloses, während sein Geist wieder ausruht. Ist er mit andern zusammen, so glaubt er artig und gesellig seyn zu müssen, er fragt also, sagt etwas, aber ohne alles Interesse an dem Fremden, so wie ohne Interesse an dem, was er gegen ihn äußert. Er ist unterdessen so mit sich selbst verwickelt, daß er den Zweyten gleich annulirt, und mit sich selbst spricht. Trifft er sich nun in der Verlegenheit, antworten zu müssen, so mag er nicht denken, er versteht nicht, was man ihm sagt, weil er es nicht beachtet, und er fertigt demnach den Gesellschafter mit Unsinn ab.

Die unzähligen närrischen Kuriositäten sind größtentheils eine leicht erklärbare Ausgeburt seines Einsiedlerlebens. Kommen ja sogenannt vernünftige Menschen, die viele Jahre lang sich zurückziehen, besonders wenn sie nichts arbeiten, auf Dinge, die kaum einem ausgemachten Narren anstehen würden, um wie viel mehr ein Unglücklicher, der nach einer Jugend voll Hoffnungen und Freuden, voll Schönheit und Reichthum, durch eine unglückselige Kombinazion der Umstände, und ein allzureitzbares geistiges Wesen, einen allzu straff gespannten Geist, ganze Jahrzehnte ferne von jeder Berührung mit der Welt lebt, und nichts mehr besitzt, um sich seine Zeit zu vertreiben, als das zerstörte Uhrwerk seines Denkvermögens.

Sollen wir nun unsere Antwort auf eine Frage geben, die sich uns so unwiderstehlich bey der Betrachtung des herzerschütternden Schicksals dieses einst so vielverheißenden Geistes aufdrängt, ob er nämlich noch genesen, ob er erwachen und zum vollkommenen Gebrauch seiner geistigen Kräfte gelangen werde, so müssen wir mit dem tiefsten Schmerz gestehen, daß uns eine solche Veränderung seines psychischen Lebens zwar wünschenswerth, aber nicht glaubwürdig ist. Hölderlins körperliche Verfassung ist dergestalt zerstört, daß er andere Nerven bekommen müßte, um den Geist von seinen Fesseln zu befreyen. Das aber, was wir hoffen, und selbst nach manchen Erfahrungen glauben, ist eine momentane Genesung, die dem Unglücklichen kurz vor der Auflösung der für ihn so schrecklich gewordenen Verbindung zwischen Leib und Seele vielleicht zu Theil werden wird. Aber gewiß könnte diß nur ein Augenblick seyn, und nur der letzte. Als ich Deutschland verließ, hatte Hölderlin schon bedeutend abgenommen, er war erschöpfter, als gewöhnlich, und auch stiller. Vor 6 Jahren hatte sein Auge noch Feuer und Kraft, und sein Gesicht noch Leben und Wärme. Es wurde aber zuletzt auch matter, und abgelebter. Es ist nun lange her, daß ich nichts mehr von ihm hörte. Er hat sein Leben nun auf sieben und fünfzig Jahre gebracht, von denen ihm nur die ersten drey Jahrzehnte

nicht verloren gehen sollten. Keiner Seele ist
der Abschied von einem Körper mehr zu
wünschen, der ihre Thätigkeit, ihre schön-
sten Kräfte, ihren kühnsten Flug hemmt, als
jener allzu fein und verletzbar gewebten, die
der Sturm des Verhängnisses zerrissen! Hoffen wir darum, daß jener einzige und letzte
Augenblick dem Edlen, nun aus unserer Gesellschaft getretenen Freunde werde, und
daß ihm vor der Wanderung in ein anderes
Leben das schwermüthige Räthsel des ver-
gangenen noch klar und die Hoffnung des
Zukünftigen neu lebendig werde!

Eine Waiblinger-Renaissance? Warum nicht? Das Schicksal des früh verstorbenen schwäbischen Romantikers, des enfant terrible der schwäbischen Romantik, Wilhelm Waiblinger (1804 in Heilbronn geboren, 1830 in Rom gestorben) ist sowieso paradox. Eine ganze Reihe von Paradoxien.

Andere — so z.B. Wilhelm Hauff, auch er ein schwäbischer Dichter, auch er ein Frühverstorbener, er war 1802 zwei Jahre vor Waiblinger geboren und starb drei Jahre vor ihm— haben sich durch ihr dichterisches Werk einen Platz in der Literaturgeschichte errungen. Nicht so Wilhelm Waiblinger: wenn man von seinem Hölderlin-Aufsatz absieht, war bis vor kurzem sein Werk so vergessen, daß die Ende der zwanziger Jahre des vorigen Jahrhunderts erschienenen Erstausgaben noch 1950 im Verlagskatalog bei de Gruyter zum Preis von 5 DM angeboten wurden. Ein Dornröschenschlaf von hunderzwanzig Jahren!

Nur insofern Waiblinger sich in Diensten eines Größeren, eines viel Größeren stellte, war sein Name nie ganz verschollen. Ist er denn ein so selbstloser Verehrer Hölderlins gewesen und ging es ihm nur darum, ihm zu dienen? Das kann man kaum sagen.

Ein Bewunderer seiner Dichtung? Das beileibe nicht. Oder nicht zuerst. Als er Hölderlin zum erstenmal besuchte, hatte er von ihm nur ein Gedicht, ein einziges, gelesen. Doch vielleicht später? Wohl kaum. Den Hyperion-Roman? Das erste, das Waiblinger davon vernahm, war, als ihm Hölderlin daraus vorlas. Hat er später das Buch in Händen genommen? Er sagt selbst: "Ich kann nicht lange drin lesen, ich geh' unter in diesem Meer: es schwindelt mir." Vom Roman hat er hie und da ein paar Seiten gelesen, mehr nicht.

Nein: als Person hat es ihm Hölderlin angetan. Als Person? Hölderlin hat er gekannt in einer Zeit, als der Dichter nicht mehr "Friederich Hölderlin" war, sondern nur noch der Schatten seiner selbst, ein am Ufer des Jenseits wandelnder Schatten, und es genau wusste: "ich bin nichts mehr, ich lebe nicht mehr gerne", schrieb er damals. Ein von ihm im voraus geahntes Schicksal. Im Hyperion steht ja: "Voll Lieb' und Geist und Hoffnung wachsen seine Musenjünglinge dem deutschen Volk' heran; du siehst sie sieben Jahre später, und sie wandeln, wie die Schatten, still und kalt . . . und wenn sie sprechen, wehe dem ! der sie versteht !''. Nun war er soweit.

Doch gerade das ist der ungeheure Glücksfall Waiblingers gewesen, daß diese Ignoranz von Hölderlins Werk und Wesen es ihm erlaubte, unbelastet ein Bild Hölderlins zu entwerfen und zu vermitteln, das ein eigenes Leben hat und heute noch lebendig ist.

Von Waiblingers "Friederich Hölderlins Leben, Dichtung und Wahnsinn" sind bis heute — sagen wir, bis gestern — alle ausgegangen, die sich mit dem "Fall Hölderlin" befasst haben. Hinter allen Darstellungen Hölderlins zur Zeit der sog. "Umnachtung" steckt ausnahmslos — Waiblinger.

1836 beschrieb der französische Germanist Philarete Chasles den "Gast des Tischlermeisters, den wahnsinnig gewordenen Poeten Hölderlin in der Gartenlaube am Neckar" als ob er ihn gesehen hätte. Es lässt sich aber nachweisen, das Chasles nie in Tübingen gewesen ist oder zumindest das Hölderlin-Haus nie gesehen hat. Die Lektüre von Höl-

derlins Hyperion - und von Waiblingers
Essay! - hatten zur Kolportage gereicht.

Die ganz Wenigen, die Hölderlin im Tübinger Turm besuchten und darüber be-
richteten, haben meistens nur das berichtet,
was vor ihnen Waiblinger bemerkt hatte
sie "bestätigt" fanden. Sie nahmen keinen
Anstand, ganze Sätze aus Waiblinger abzu-
schreiben.

Einige hatten es nicht einmal nötig, Hölderlin effektiv zu besuchen; sie erzählten einfach von einem solchen Besuch — mit den
Worten Waiblingers!

Auch die kritischen Herausgeber von Hölderlins Werk — vor dem ersten Weltkrieg Nor-
bert von Hellingrath, nach dem zweiten
Adolf Beck — haben Waiblingers Aussagen
ohne Distanz übernommen.

So entsteht eine Legende. So wird sie gleichsam unter unseren Augen gestaltet und
wuchert unbeanstandet weiter, in die Jahrzehnte und Jahrhunderte. An sich schon ein
faszinierendes Schauspiel.

Doch ist die Zeit gekommen, zu fragen: han-
delt es sich bei der allerersten biographischen
Darstellung Hölderlins, derjenigen Waiblingers, um eine akurate wissenschaftlich

ernstzunehmende Darstellung? Das, was er da berichtet - inwiefern stimmt es?

Waiblingers Essay besteht aus zwei Teilen: zuerst eine biographische Skizze, dann eine Beschreibung von Hölderlins Leben im Turm, der Versuch einer Pathographie.

Zur Biographie: der Aufsatz Waiblingers ist der allererste Versuch über Hölderlin. Maches darin ist unzulänglich, ja unrichtig. Adolf Beck sagt dazu: "Das Lebensbild wird grossenteils verzerrt, die Reihenfolge der Stationen des Lebensweges verkehrt. Das liegt vornehmlich an der Dürftigkeit der Quellen, aus denen Waiblinger schöpfen konnte." Waiblinger war, wie er selbst eingesteht, zuweilen genötigt, "ein wenig zu spekulieren". Daß Hölderlin nicht in Nürtingen, sondern in Lauffen am Neckar geboren ist, daß Waiblinger den Landgrafen von Homburg mit Baron Isaac von Sinclair verwechselt, daß Hölderlin nicht zwei Jahre, sondern nur siebeneinhalb Monate im Tübinger Klinikum verbrachte, ist nicht weiter schlimm und ist seitdem richtiggestellt worden, wenn auch Einiges, wie z.B. die Umstände von Hölderlins Rückkehr aus Frankreich, heute noch umstritten ist.

Der Kern, Sinn und unersetzlicher Wert von Waiblingers Abhandlung liegt im zweiten Teil, "in der Schärfe der Beobachtung und Schilderung, dem Reichtum an Einzelzügen und der sicheren Zeichnung der Gesamterscheinung des alternden Dichters. (Adolf Beck, Stuttgarter Ausgabe, Bd. 7,2, S. 80f.) Waiblingers Aussagen zu Hölderlins "Umnachtung" sind — als praktisch einziges verfügbares Dokument zur Pathographie — bis jetzt für bares Geld genommen worden, und nicht zuletzt von Psychiatern. Hier ein Beispiel davon.

Vor fünfzehn Jahren schrieb ein anerkannter deutschsprechender Psychiater folgendes: "Durch einen nahezu fünfjährigen Umgang mit dem kranken Dichter und die spätere Niederschrift seiner Erinnerungen hat Waiblinger Unvergängliches geleistet. (. . .) Während seines Tübinger Aufenthaltes hat Waiblinger zahllose Stunden dem kranken Hölderlin gewidmet. (. . .) Er hatte den Hyperion gelesen und war selbst ein Dichter. (...) Vom Schicksal des verehrten Meisters erschüttert, wollte er versuchen, Hölderlins krankhaften Geisteszustand zu zergliedern. (. . .) Auf diese Weise überwand der Achtzehnjährige das Grauen, das wir — wie er selbst sagt — in der Nähe solch unfreier Geister fühlen. Er gab sich Mühe, die Launen des Kranken zu ertragen, und hielt keine Stunde für verloren, die er bei ihm verbrachte, während die wenigen seiner früheren Freunde, die ihn besuchten, nicht länger als ein paar Augenblicke zu bleiben vermochten. Waiblinger besuchte ihn ununterbrochen, nahm ihn auf einsame Spaziergänge mit, gab ihm Papier zum Schreiben, brachte ihm Bücher und ermunterte ihn zum Vorlesen, Klavierspielen oder Singen. So legte auch der Kranke die Scheu allmählich ab, die er allen nicht ganz so vertrauten Menschen gegenüber empfand."

(Dr. Leo Navratil, in "Schizophrenie und Sprache", dtv 1966)

Rührselig . . . aber davon stimmt kein Wort. Als er Hölderlin zum erstenmal besuchte, hatte Waiblinger von ihm, wie gesagt, ein einziges Gedicht gelesen, mehr nicht. Er betrachtete ihn keineswegs als einen "verehrten Meister". Bei Gelegenheit grenzte er sich von ihm ab: "Alle die Schwab's und Haug's, die soviel Ähnlichkeit zwischen Phaeton (Waiblingers Roman, P.B.) und Hyperion finden, verstehen weder diesen noch jenen. Ich könnte beweisen, daß ich nicht Etwas mit Hölderlin gemein habe." Und man kann ihm nur rechtgeben.

Waiblinger brauchte Hölderlin zum Vorlesen des Hyperion nicht zu ermutigen, Hölderlin las nur zu gern daraus ganz laut vor, auch wenn er allein war. Noch weniger brauchte Hölderlin zum Klavierspielen "ermutigt" werden, wo er stunden-, tage- und wochenlang nichts anderes tat.

Doch viel schlimmer ist die Annahme des Psychiaters, Waiblinger habe sich nahezu fünf Jahre lang einem ununterbrochenen Verkehr mit Hölderlin gewidmet.

Es trifft sich — aber der Psychiater hat sich nicht erkundigt — daß Waiblinger nicht nur Werke, sondern auch Tagebücher hinterlassen hat, aus denen erhellt, daß er Hölderlin im Ganzen acht- bis zehnmal besucht hat, mehr nicht, und zwar an folgenden Tagen:

- am 3. Juli 1822 zum erstenmal, fünf Minuten, und ohne mit Hölderlin ein Wort zu wechseln;
- dann am 24 Oktober 1822,
- am 22. Februar 1823,

- am 8. Juni 1823, wo er Hölderlin "auf morgen zu einem Spaziergang" einlädt;
- am 9.Juli nimmt er ihn tatsächlich auf das ihm zur Verfügung stehende Gartenhäuschen am Österberg mit;
- zwischen dem 15. Juni und Anfang August 1823, höchstens einmal die Woche, nachmittags, wahrscheinlich seltener, im Gartenhaus.

Dann taucht der Name Hölderlins in Waiblingers Aufzeichnungen wohl noch ein paarmal auf, aber ohne Bezug auf einen Besuch. Anscheinend hat, um es mit Adolf Becks Worten zu sagen, "der künftige Biograph" mit dem neunten oder zehnten Besuch "seine Beobachtungen hinter sich".

Nicht, daß es an Gelegenheiten gefehlt hätte: Waiblinger blieb noch drei Jahre in Tübingen, bis er am 25. September 1826 "In Betracht seiner beharrlichen Unordnungen u. seiner gänzlichen Vernachlässigung der bestimmungsgemässen Studien aus dem Seminar - Verband entlassen wurde."

Aus dem Stift entlassen brach Waiblinger vierzehn Tage später auf nach Süden. Am 20. November 1826 gelangte er in Rom, wo er zwei Jahre später, am 17. Januar 1830, an Schwindsucht starb.

Wohl am Ende des ersten Jahres seines römischen Aufenthaltes, im Herbst 1827, verfasste er die Hölderlin-Schrift aus dem Gedächtnis. Sie erschien erst nach seinem Tode, 1831, in den Zeitgenossen von Brockhaus in Leipzig.

Eigentlich hatte Waiblinger nie die Absicht gehabt, eine Hölderlin-Biographie zu verfassen. Er wollte einen Roman schreiben, dessen Held ein wahnsinnig werdender Künstler sein sollte. Die Aufzeichnungen in seinen Tagebüchern lassen darüber keinen Zweifel.

Kurz nach dem ersten Besuch, am 8. August 1822, schreibt Waiblinger: "Nur einen Wahnsinnigen möcht' ich schildern, — ich kann nicht leben, wenn ich keinen Wahnsinnigen schildre. (...) Hölderlin! Hölderlin!".

Am Tage darauf, dem 9. August: "Ich muss nun genaue Nachrichten von Wahnsinnigen haben."

Am 10. August: "Der Held meines Romans (. . .) ist ein Hölderlin. Einer, der da wahnsinnig wird aus Gottestrunkenheit, aus Liebe und aus Streben nach Göttlichem."

Am 11. August: "Ich schreibe einen Roman! Der Held ist ein Bildhauer. (. . .) Wenn ich nicht selbst ein Narr werde, wie mein Künstler, so erschaff ich etwas Großes. Hölderlins Geschichte benütz' ich am Ende."

Tatsächlich schrieb Waiblinger den Roman eines wahnsinnig werdenden Bildhauers namens Phaeton und hat dazu "Hölderlins Geschichte benützt". Nicht nur seine Geschichte hat er benützt, sondern auch "einige Blätter aus den Papieren" des Dichters, aus denen er ein Gedicht Phaetons zusammenstoppelte, das unter dem Titel "In lieblicher Bläue" als hölderlinisches Gut in den Hölderlin-Ausgaben aufgenommen wird.

Übrigens war Waiblinger nicht unbedingt skrupulös. Dem immer an Geldmangel leidenden Wilhelm kann man es nicht verübeln, daß es ihm einfiel, aus seinen Beziehungen zu Hölderlin Kapital zu schlagen. Dem Herausgeber des Mitternachtsblattes für gebildete Stände, Müllner, bietet er einen Aufsatz über Hölderlin an, die Darstellung des "Zustands" des "seit zwanzig Jahren im Wahnsinn, schmachtenden, durch und durch mit Poesie gefüllten Menschen" versprechend. Den Einwand, den ein paar Jahre früher Matthisson ihm vorgebracht hatte, man solle von einer 'allzugrellen Schilderung von H.s gegenwärtigem Zustande" absehen, weist

Waiblinger in einem Brief an Adolf Müllner zurück: "Da der Unglückliche (Hölderlin, P.B.) gleichsam jetzt schon todt ist, so würde auch das Zartgefühl und das Gebot der Schonung nicht gegen eine solche Darstellung seines Wahnsinns einwenden."

"Gleichsam jetzt schon todt": Waiblinger wird vier Jahre später das Zeitliche segnen und Hölderlin ihn noch lange überleben, dreizehn Jahre.

Als Gustav Schwab, der Waiblingers Freund gewesen war, Hölderlin besuchte und ihm ein Porträt Waiblingers zeigte, ihm dessen Tod mit großer Verspätung meldend, fragte Hölderlin: "Lebt er nicht mehr?" Er konnte sich gut an Waiblinger erinnern, auch daß sie von Literatur, doch nicht von den Arbeiten Waiblingers gesprochen hatten. Viel taktvoller als Waiblinger war der Chefredakteur des Miternachtsblattes auch nicht: ihm kam es einzig uns allein darauf an, das Publikum heranzulocken. Eine Anregung an Waiblinger: "H.s Geschichte mag interessant seyn für liebende Herzen, und eine Schilderung des noch lebenden Unglücklichen kann es insofern auch werden, als der Schildernde diese Geschichte (d.h. Hölderlins Liebe zur Gat-

tin eines Frankfurter Bankiers, Susette
Gontard, P.B.) durchblicken lässt."
Doch von Hölderlins Liebesaffäre in Frank-
furt wusste Waiblinger zu wenig, um auf diese Ermunterung zur Indiskretion einzugehen.
Waiblinger, der die biographische Skizze aus
der Erinnerung schrieb, verfügte über ein
sehr gutes Gedächtnis. Er berichtet über Vor-
fälle, die er nicht verstanden hatte, die wir
aber jetzt in der Lage sind, zu interpretieren.
Wenn er sagt, es gehöre zu Hölderlins Eigenheiten, neue, eigentlich sinnlose Wörter zu
bilden, so z.B. "Kamallattasprache", oder
"ich heiße nun Killalusimeno", so konnte
Waiblinger nicht vermuten, diese Wörter, die
er phonetisch fast richtig notierte, einen
Sinn hatten, wenn es nicht Kamalatta,
sondern Kalamatta heisst (Kalamatta, eine
Stadt im Peloponnes); oder nicht Killalusimeno sondern Kallilusomenos, ein gutes
griechisches Wort, das im Kontext einen
tiefen Sinn hat und keine Neubildung ist.
Auch schließt Waiblinger damit, Hölderlins
"Narrheit" sei kaum pathologisch, sondern
die an sich normale Folge eines zurückgezo-
genen Lebens: "Die unzähligen Kuriositäten
sind größtenteils eine leicht erklärbare Aus-

geburt seines Einsiedlerlebens. Kommen ja sogenannt vernünftige Menschen, die viele Jahre lang sich zurückziehen, besonders wenn sie nicht arbeiten, auf Dinge, die kaum einem ausgemachten Narren anstehen würden."

Diese Stelle haben Waiblingers Leser nicht beachtet: ihnen war das Bild des "Geisteskranken" lieber. Warum denn eigentlich? Man bedenke: diese Skizze Waiblingers, wie man sie auch nimmt, ist immerhin die erstaunliche Leistung eines Dreiundzwanzigjährigen, der vier, fünf Jahre früher Hölderlin weniger als ein Dutzendmal begegnete, aus dem Gedächtnis schrieb — und ein Bild entwarf, das bis heute massgeblich gewesen und geblieben ist.

Ob dieses Bild der Wirklichkeit entsprach, ob Hölderlin wirklich wahnsinnig, geisteskrank im psychiatrischen Sinn des Wortes, gewesen ist, oder nicht — das steht auf einem andern Blatt. Ich selbst bin jetzt anderer Meinung und bin überzeugt, Hölderlin sei nie "umnachtet" gewesen.

Es bleibt: Waiblinger hatte "einen wahnsinnig werdenden Künstler" schildern wollen, sonst könne er nicht leben. Dem so eingestellten Tübinger Stiftler kam die Begegnung mit Hölderlin recht gelegen.

So hat er auch "einen wahnsinnigen Künstler" sogar zweimal geschildert, einmal im Roman Phaeton, ein zweitesmal in der biographischen Skizze.

Wenn auch der Frühverstorbene davon nichts mehr gewußt hat, damit hat er doch eine moderne Legende in die Welt gesetzt, die des "Umnachteten", die bis vor kurzem jede andere Interpretation des Falles Hölderlin verdrängte. Ob es eine "schöne" Legende war, das will ich hier auf sich beruhen lassen. Wilhelm Waiblinger soll man zugute halten, daß er Hölderlin auf seine Art geliebt hat. In seinen Aufzeichnungen schreibt er: "Hölderlin ist mein liebster Freund! er ist ja nur Wahnsinnig. O ich möchte sie küssen, diese abgehärmten, zuckenden Lippen!". Und an Uhland: "Hölderlin . . . Dieser Wahnsinnige, wie er in meinem Gartenhaus am Fenster sitzt, ist mir oft mehr, ist mir oft näher, als Tausende, die bey Verstande sind."

Pierre Bertaux